目　　次

JN175037

編曲と演奏について

● オーケストラの名曲を金管8重奏用に編曲しました。

● 調性は原曲と違う場合があります。

● エンハーモニック（異名同音的）転換を行っている箇所があります。

● オクターヴの音域調節により演奏しても構いません。

お願い

◎ パート譜は、本をとじてあるステープラー（ホッチキス）の針をはずし、パート譜本
を4パートにばらしてご使用ください。
その際は、ステープラー（ホッチキス）の後の、針とりはずし用金具などをご使用く
ださい。けがをしないようご注意ください。

◎ パート譜は、8パート各4ページになっています。

交響詩『ツァラトゥストラはこう語った』Op.30

R.シュトラウス　作曲
中島　龍一　編曲

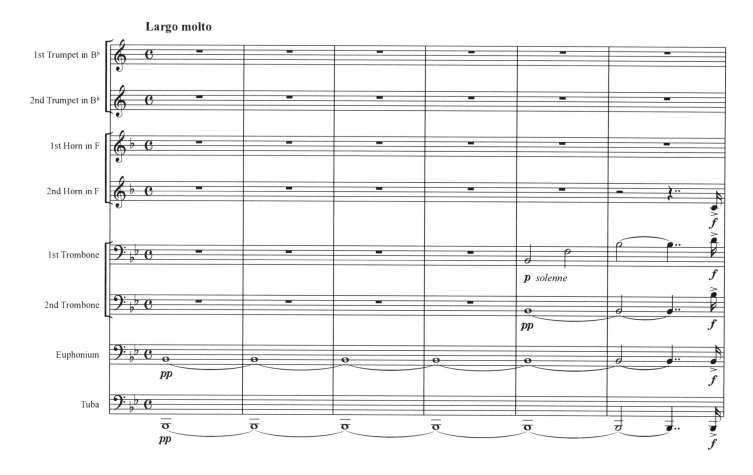

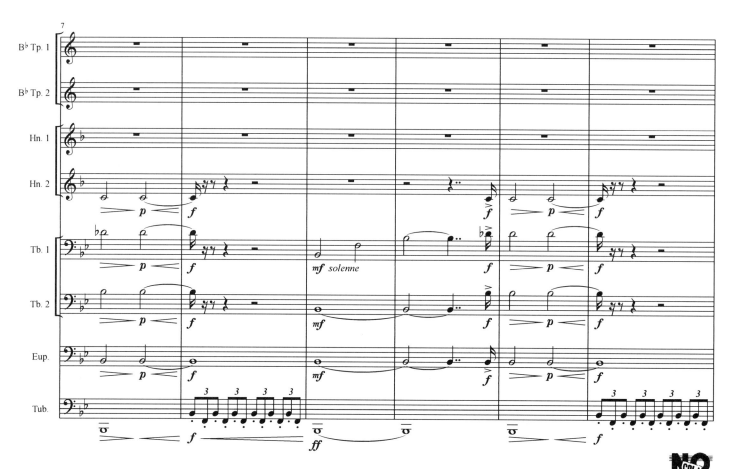

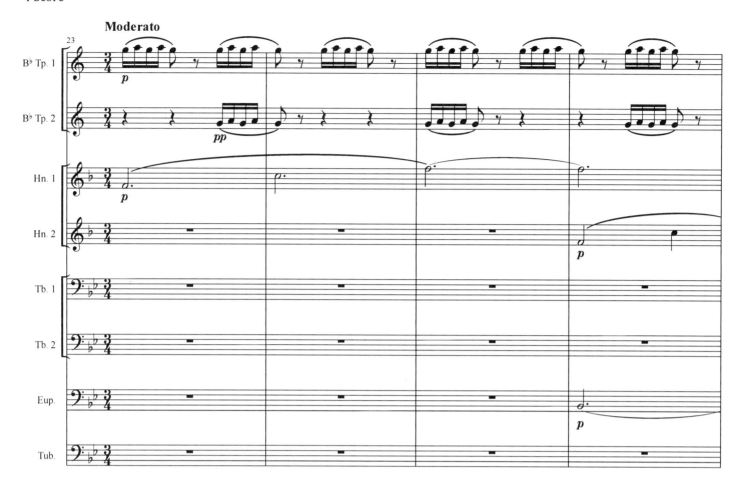

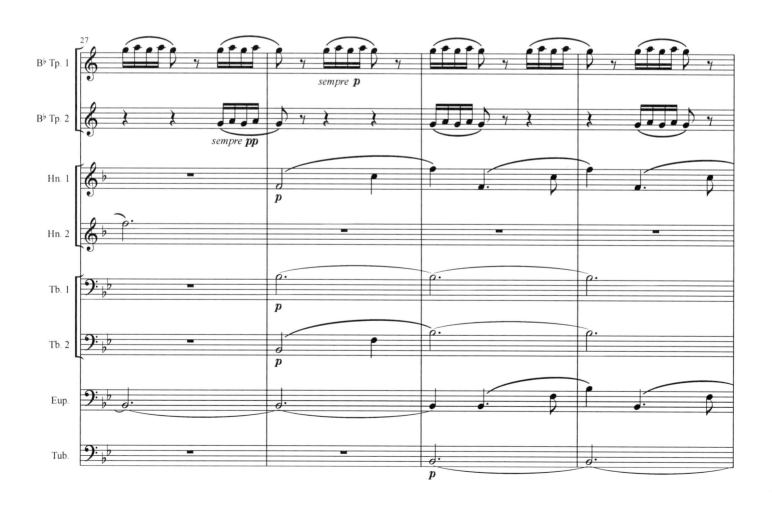

訂正のお詫びとお願い

ドラゴン金管アンサンブル　交響詩「ツァラトゥストラはこう語った」/ シンフォニエッタ
第１楽章「ファンファーレ」をお買い上げ頂きありがとうございます。

印刷後に誤りが見つかりました。お詫び申し上げます。

恐れ入りますが、下記のように訂正してご使用くださいますようお願い申し上げます。

共同音楽出版社

１ページ　目次

誤　　**お願い**

◎ パート譜は、本をとじてあるステープラー（ホッチキス）の針をはずし、パート譜本
　　を4パートにばらしてご使用ください。

正　　**お願い**

◎ パート譜は、本をとじてあるステープラー（ホッチキス）の針をはずし、パート譜本
　　を8パートにばらしてご使用ください。

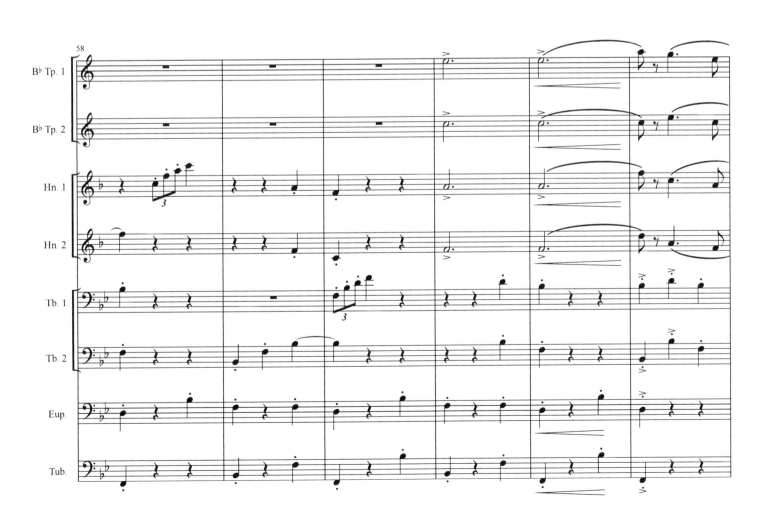

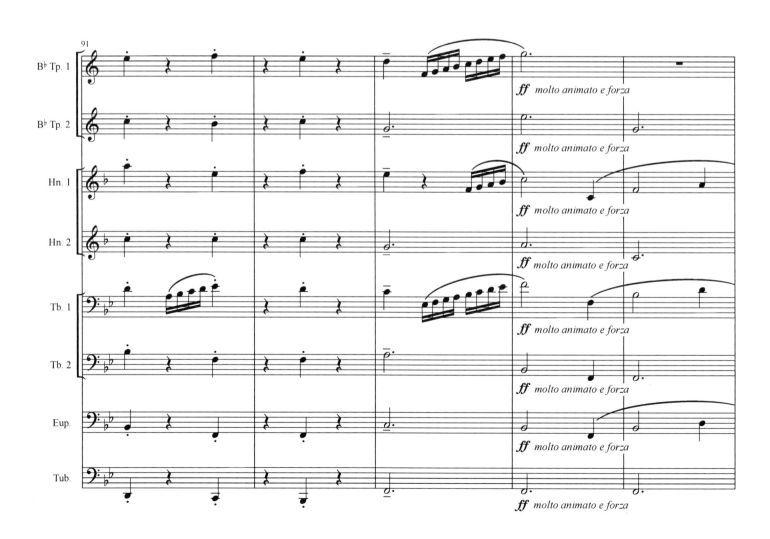

Langsam

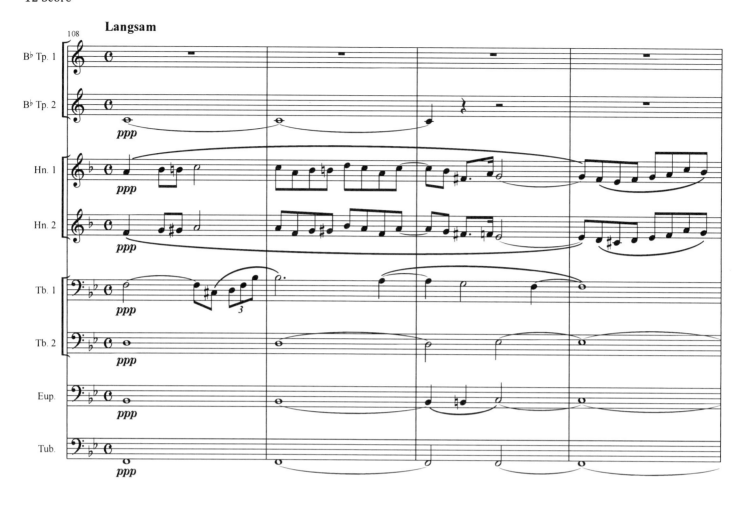

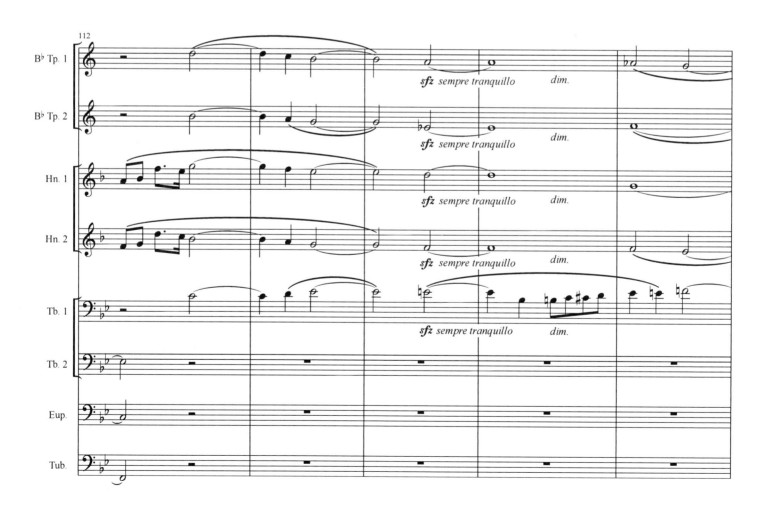

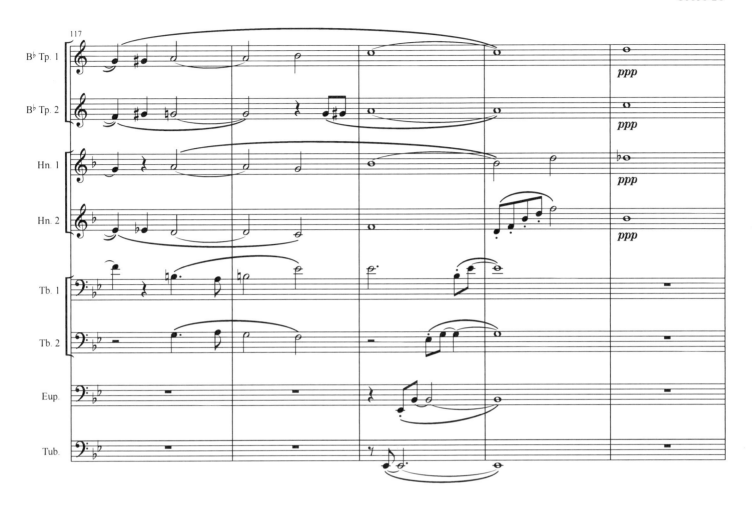

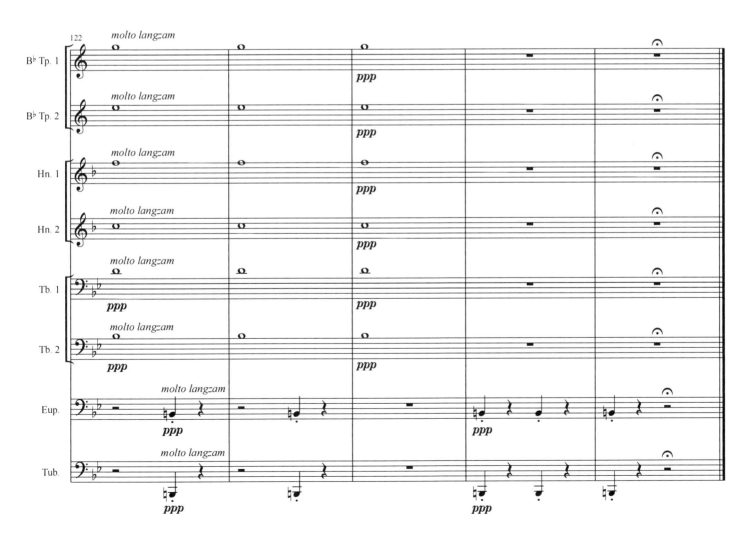

シンフォニエッタ 第1楽章「ファンファーレ」

L.ヤナーチェク　作曲
中島　龍一　編曲

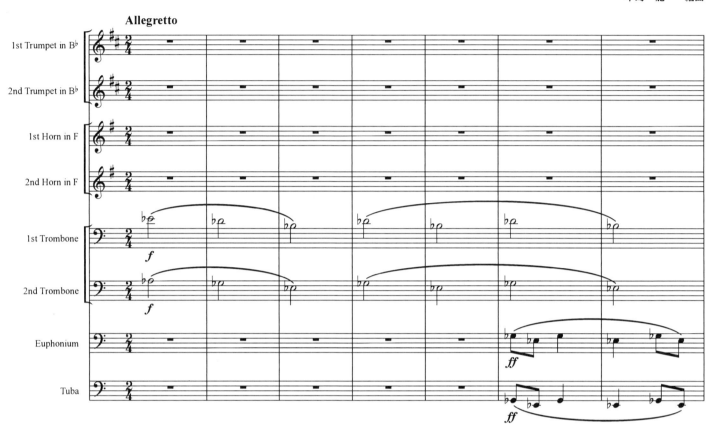

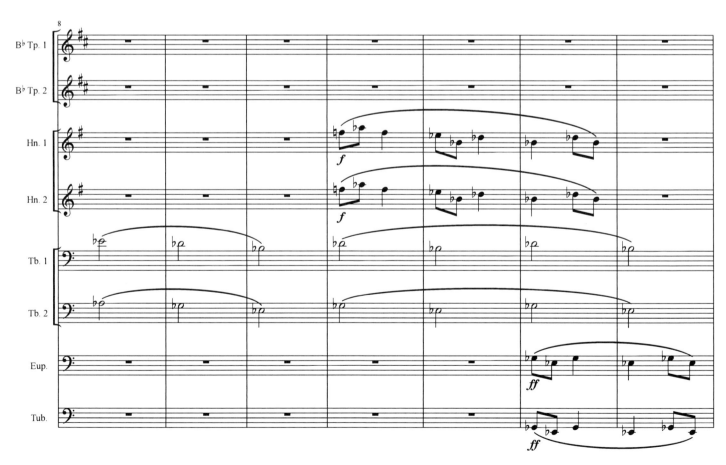

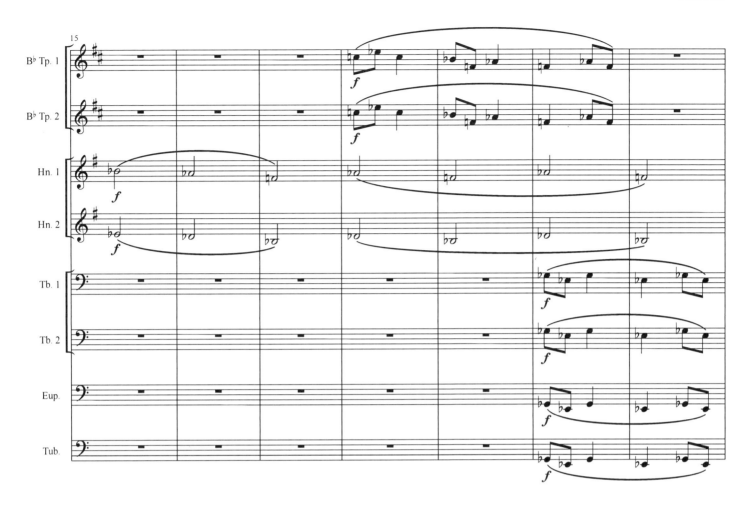

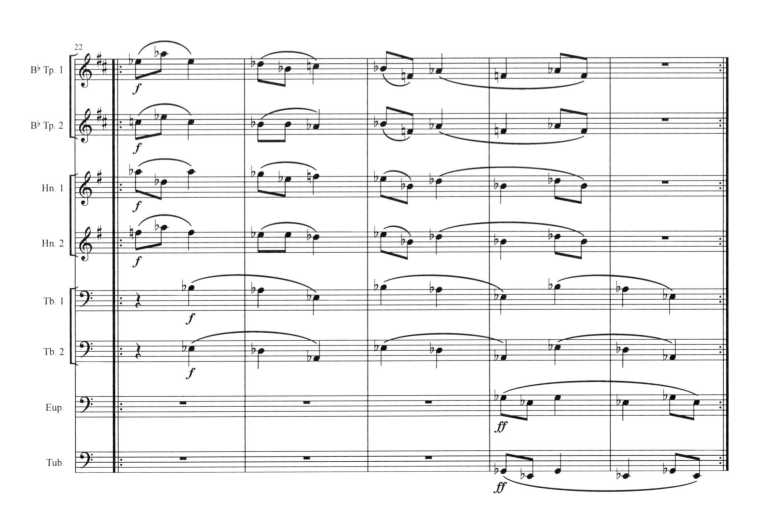

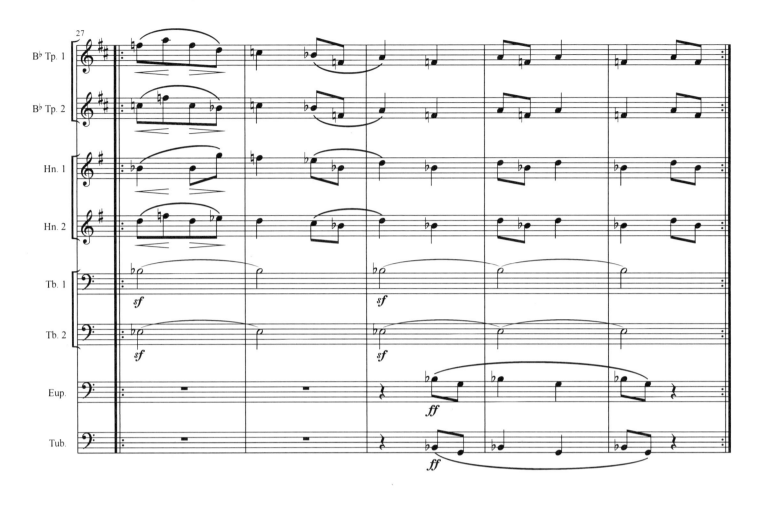

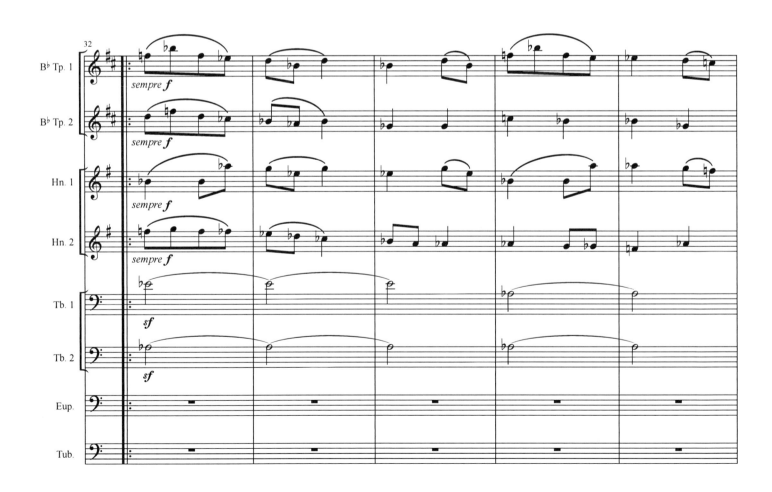

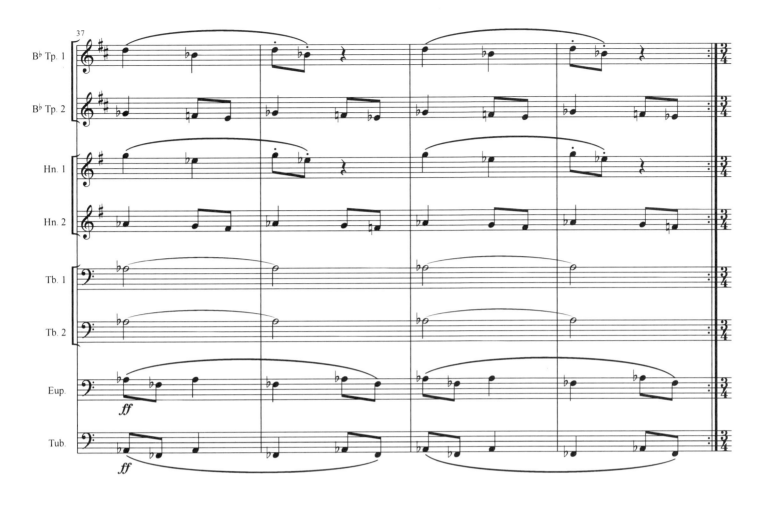

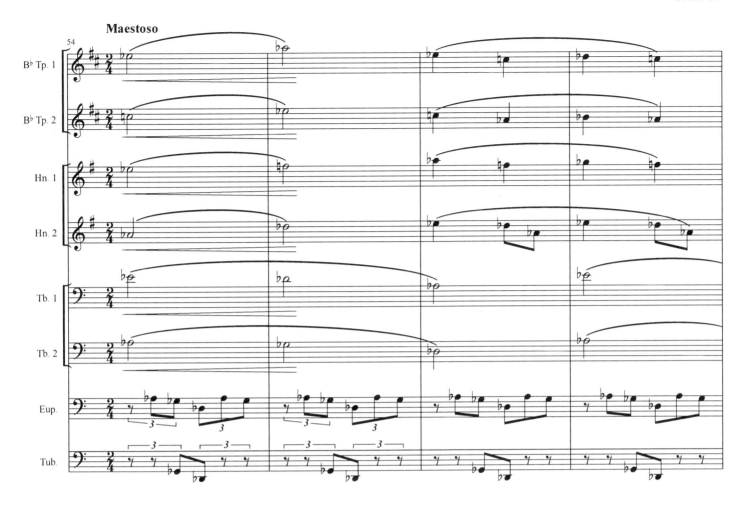

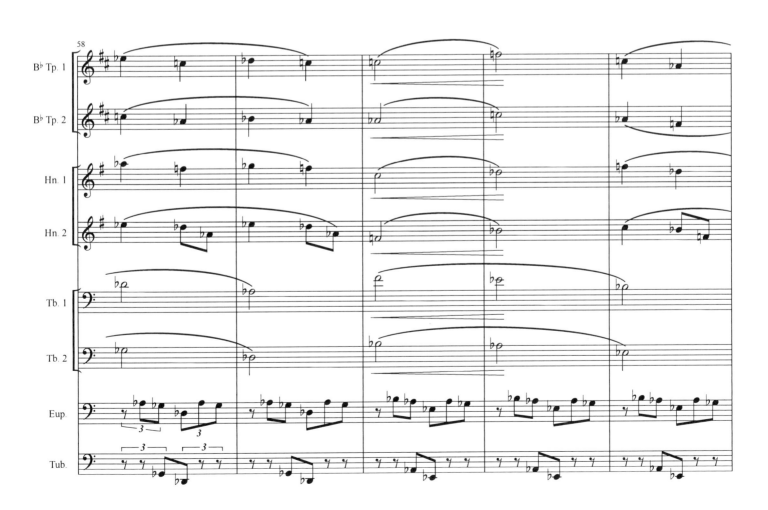

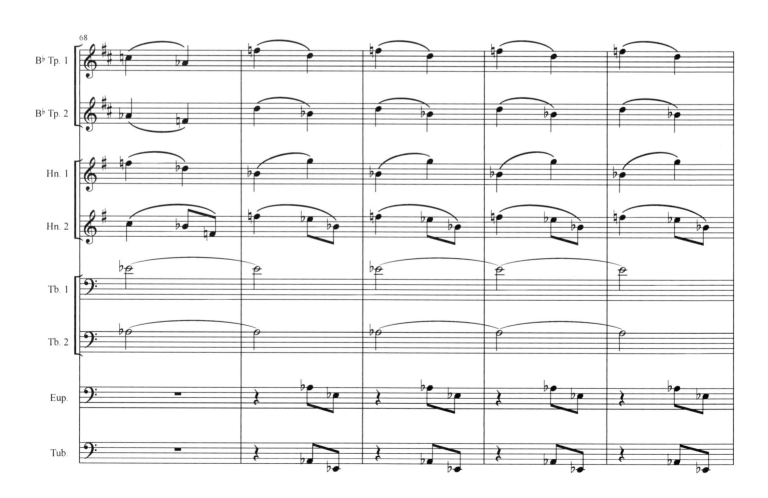

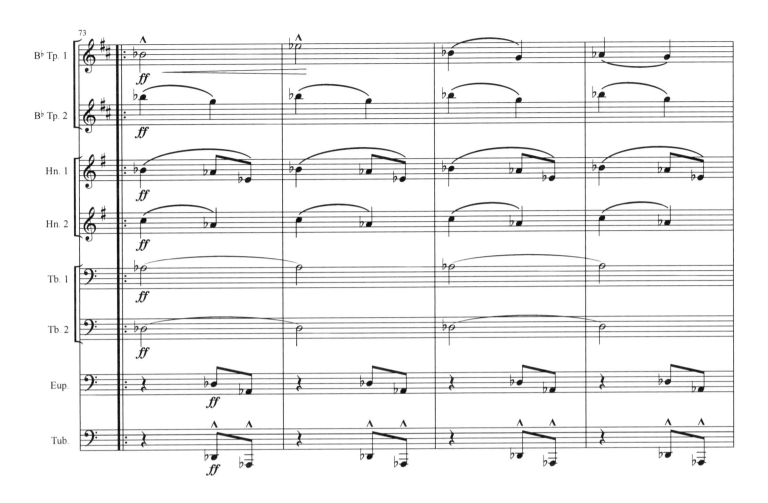

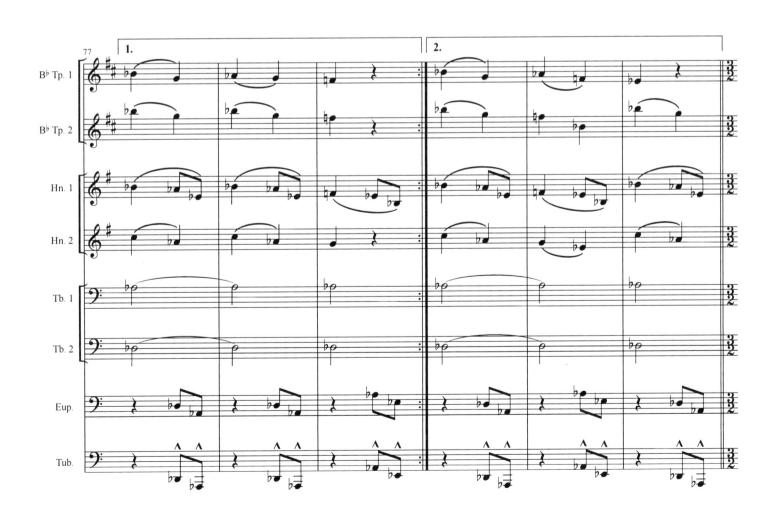

プロフィール

中島 龍一　Ryuichi Nakajima

武蔵野音楽大学大学院ピアノ専攻修了。
ピアノを松山淳子、R.Cavaye、市田儀一郎の諸氏に師事。J.Demus 氏にも指導を受ける。
L.v.Beethoven の哲学的音楽構築に圧倒的衝撃を受け、研究に打ち込む。
リサイタル、トークコンサート等を開催する傍ら、バレエピアニストとしても活動し、
ジャンルにこだわらない幅広い演奏活動を展開、作・編曲作品も多数発表。
作曲家の生涯と作品に関する講演活動も行う。
現在、兵庫大学准教授。

【主な著書】
≪ドラゴン・シリーズ≫
・ピアノ ソロ ドラゴン
・名曲メドレー
・ピアノ 連弾 ドラゴン（演奏CD付）
・フルート名曲集（演奏CD付）
・やさしいドラゴン（演奏CD付）——— やさしいバッハ
　　　　　　　　　　　　　　　　　　　やさしいドビュッシー
　　　　　　（別売演奏CD）——— やさしいベートーヴェン　KPD1151
　　　　　　　　　　　　　　　　やさしいショパン　　　　KPD1152
　　　　　　　　　　　　　　　　やさしいリスト　　　　　KPD1153
　　　　　　　　　　　　　　　　やさしいラフマニノフ　　KPD1154
　　　　　　　　　　　　　（お買い求めは、本書取り扱い楽器店、
　　　　　　　　　　　　　　書店にご注文ください。）

〔共同音楽出版社 刊〕　※詳細は共同音楽出版社HPをご覧ください。
http://kyodomusic.jp/

ドラゴン金管アンサンブル
交響詩『ツァラトゥストラはこう語った』Op.30
シンフォニエッタ 第1楽章「ファンファーレ」
2016年10月1日初版発行
編著者　中島龍一　©2016
発行者　豊田治男
発行所　株式会社共同音楽出版社
　　　　〒171-0051　東京都豊島区長崎3−19−1
　　　　電話03−5926−4011
印刷製本　株式会社平河工業社
充分注意しておりますが、乱丁・落丁は本社にてお取替えいたします。

Tub. シンフォニエッタ

Tuba

交響詩『ツァラトゥストラはこう語った』Op.30

R.シュトラウス　作曲
中島　龍一　編曲

Euphonium

交響詩『ツァラトゥストラはこう語った』Op.30

R.シュトラウス 作曲
中島 龍一 編曲

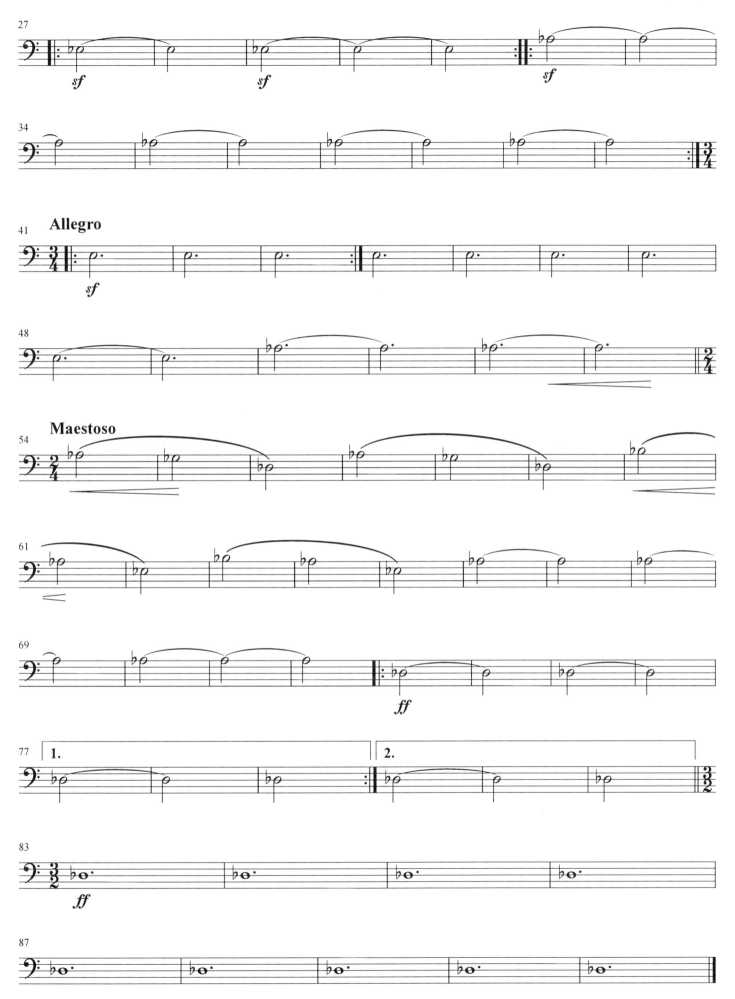

2nd Trombone

交響詩『ツァラトゥストラはこう語った』Op.30

R.シュトラウス　作曲
中島　龍一　編曲

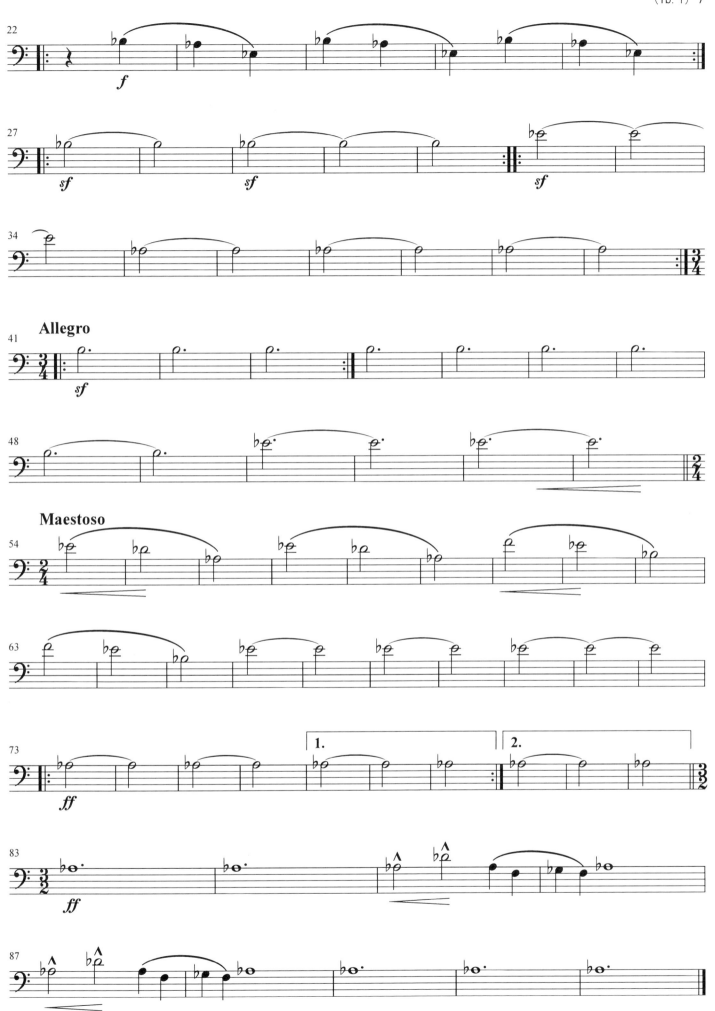

1st Trombone

交響詩『ツァラトゥストラはこう語った』Op.30

R.シュトラウス　作曲
中島　龍一　編曲

2nd Horn in F

交響詩『ツァラトゥストラはこう語った』Op.30

R.シュトラウス　作曲
中島　龍一　編曲

NO COPY

1st Horn in F

交響詩『ツァラトゥストラはこう語った』Op.30

R.シュトラウス　作曲
中島　龍一　編曲

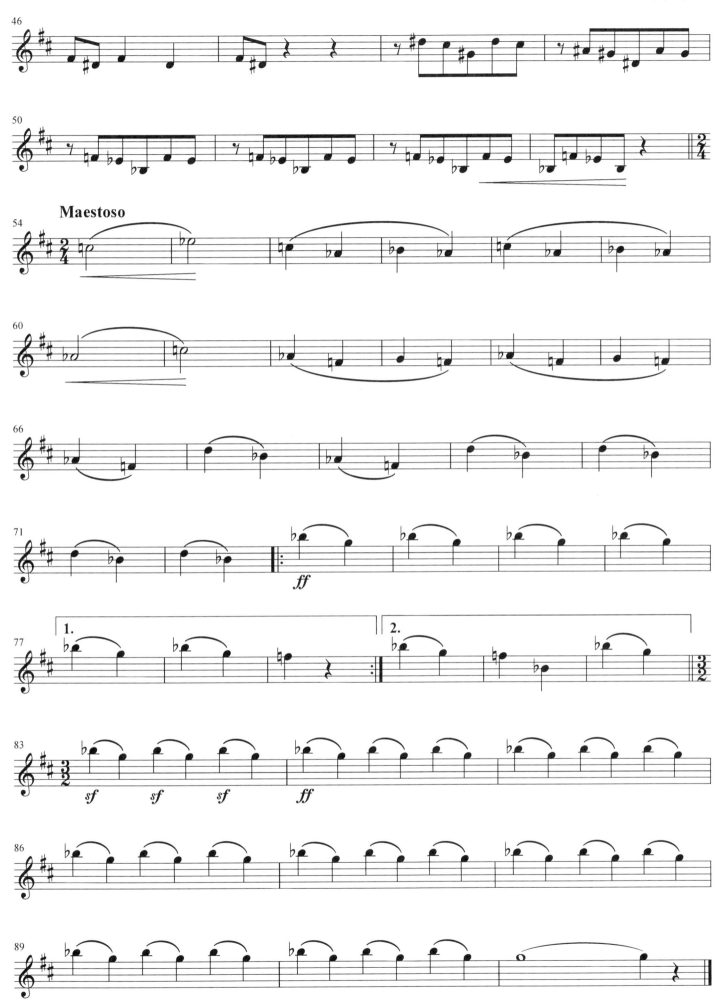

2nd Trumpet in B♭

交響詩『ツァラトゥストラはこう語った』Op.30

R.シュトラウス 作曲
中島 龍一 編曲

Tp. 1 シンフォニエッタ

1st Trumpet in B♭

交響詩『ツァラトゥストラはこう語った』Op.30

R.シュトラウス　作曲
中島　龍一　編曲

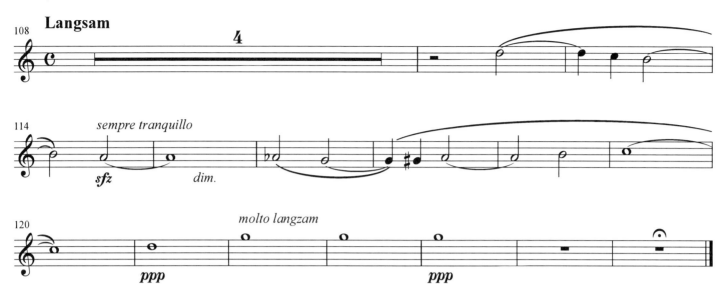

1st Trumpet in B♭

シンフォニエッタ 第1楽章「ファンファーレ」

L.ヤナーチェク　作曲
中島　龍一　編曲

2nd Trumpet in B♭

シンフォニエッタ 第1楽章「ファンファーレ」

L. ヤナーチェク　作曲
中島　龍一　編曲

1st Horn in F

シンフォニエッタ 第1楽章「ファンファーレ」

L.ヤナーチェク　作曲
中島　龍一　編曲

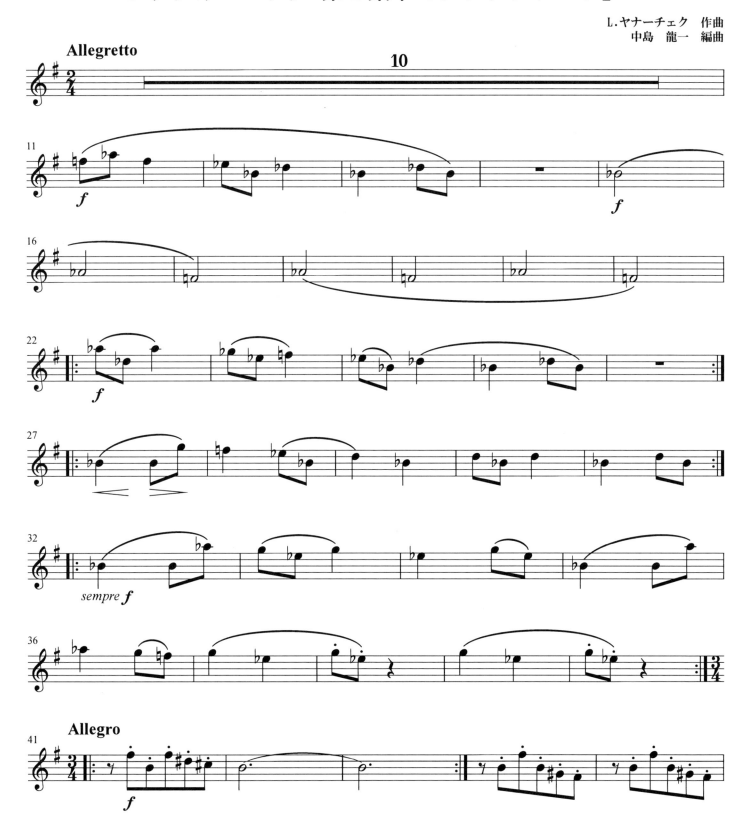

2nd Horn in F

シンフォニエッタ 第1楽章「ファンファーレ」

L.ヤナーチェク　作曲
中島　龍一　編曲

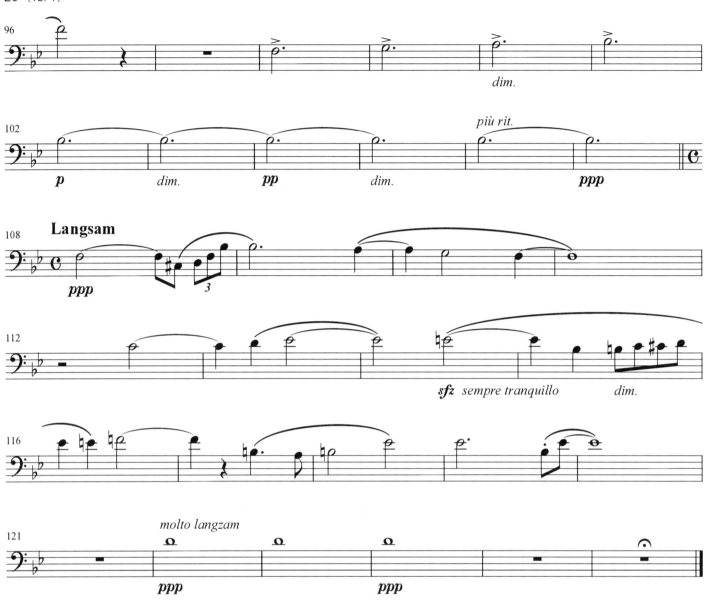

1st Trombone

シンフォニエッタ 第1楽章「ファンファーレ」

L.ヤナーチェク 作曲
中島 龍一 編曲

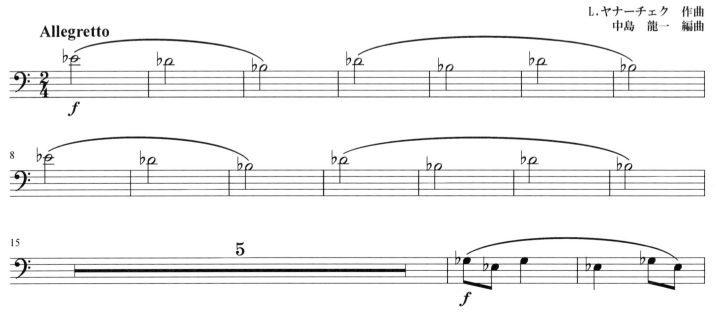

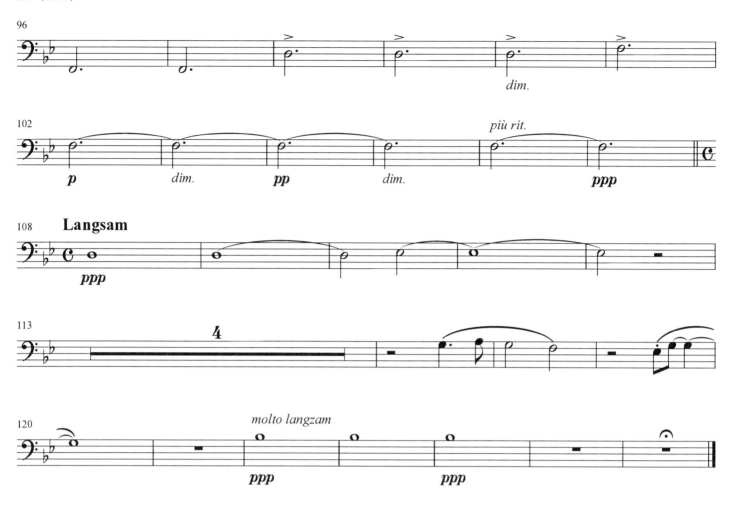

2nd Trombone

シンフォニエッタ 第1楽章「ファンファーレ」

L. ヤナーチェク 作曲
中島 龍一 編曲

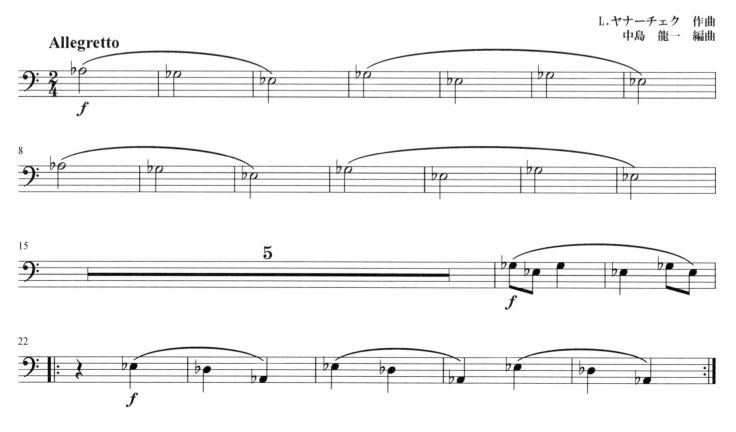

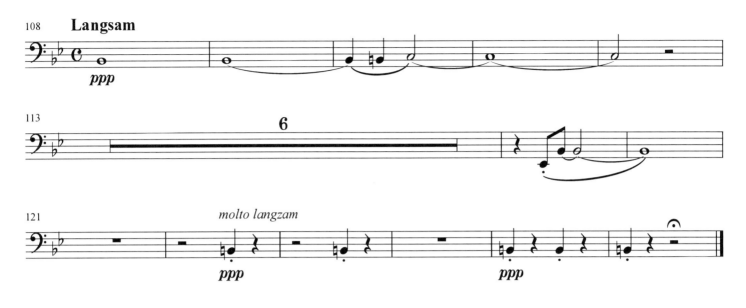

Euphonium

シンフォニエッタ 第1楽章「ファンファーレ」

L.ヤナーチェク　作曲
中島　龍一　編曲

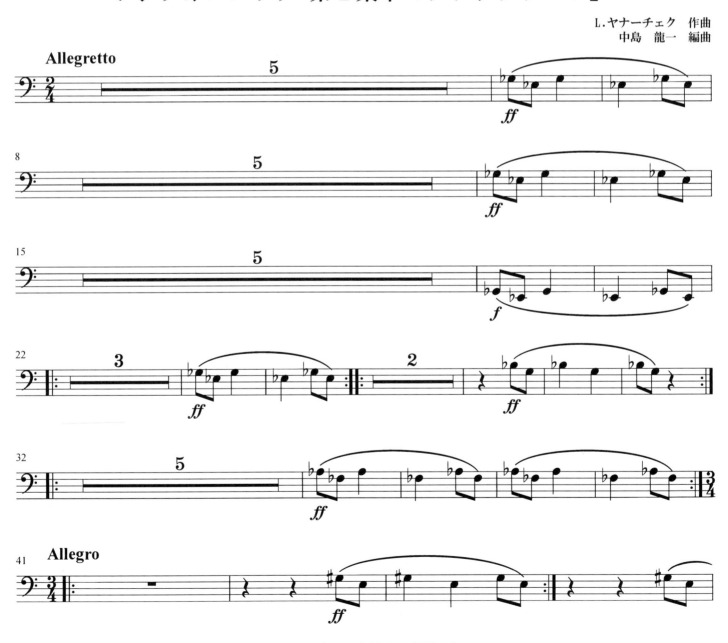

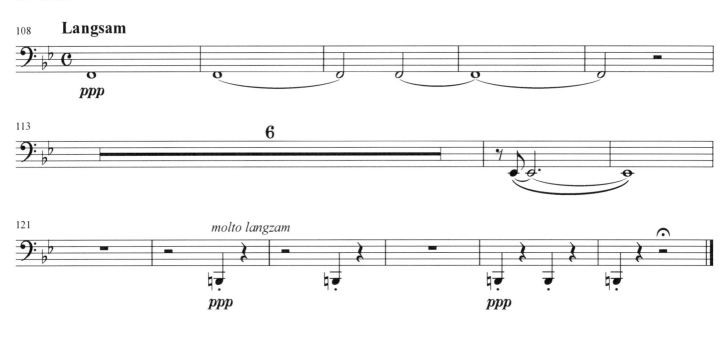

Tuba

シンフォニエッタ 第1楽章「ファンファーレ」

L.ヤナーチェク　作曲
中島　龍一　編曲